LÉONCE VILTART

JULES THÉPAUT

ARTISTE PEINTRE

(1818-1885)

NOTICE COURONNÉE PAR L'ACADÉMIE D'ARRAS

AVEC PORTRAIT

ARRAS

SUEUR-CHARRUEY, IMPRIMEUR-LIBRAIRE-ÉDITEUR

Petite-Place, 20 et 22

1885

JULES THÉPAUT

ARTISTE PEINTRE

(1818-1885)

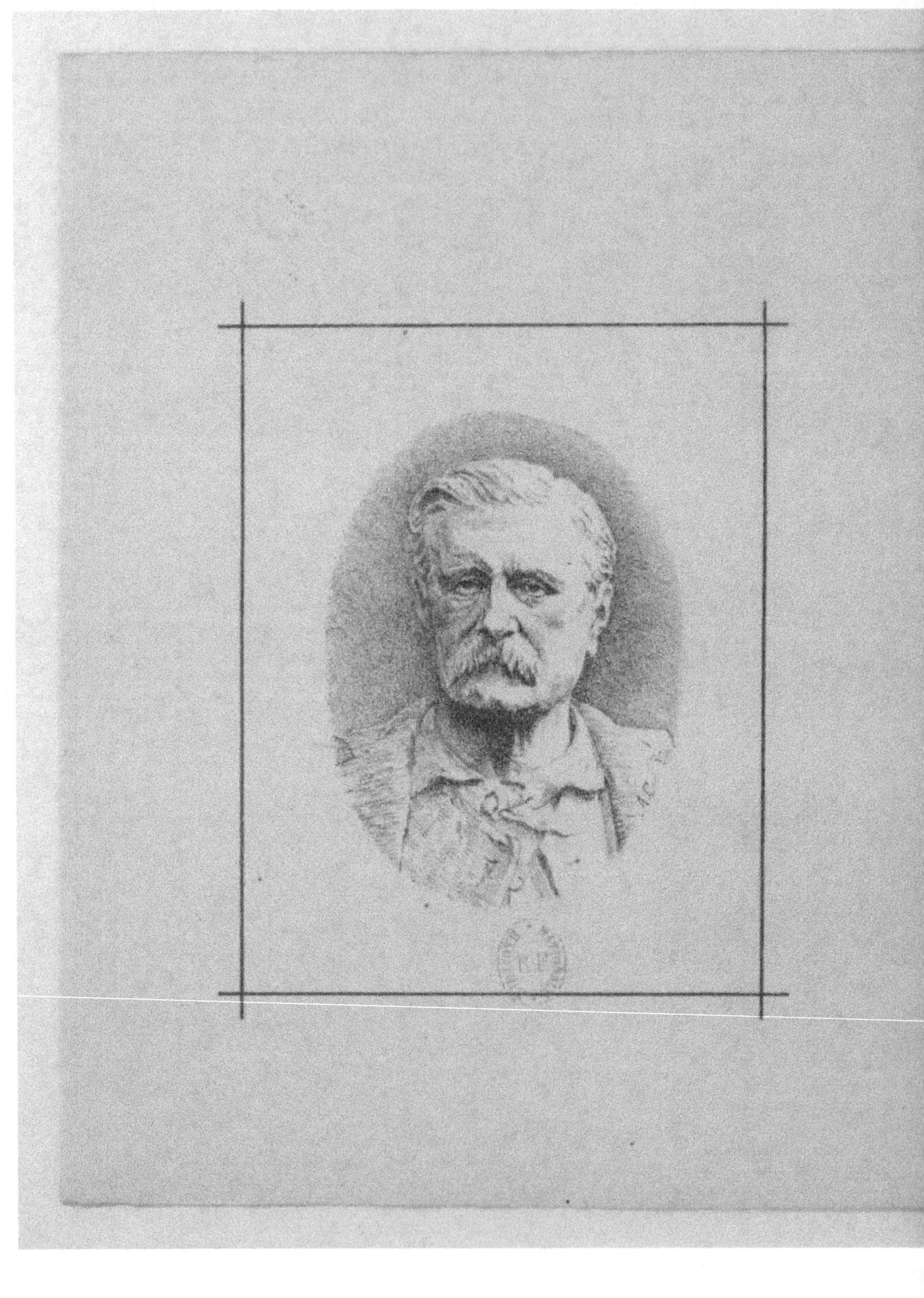

LÉONCE VILTART

JULES THÉPAUT

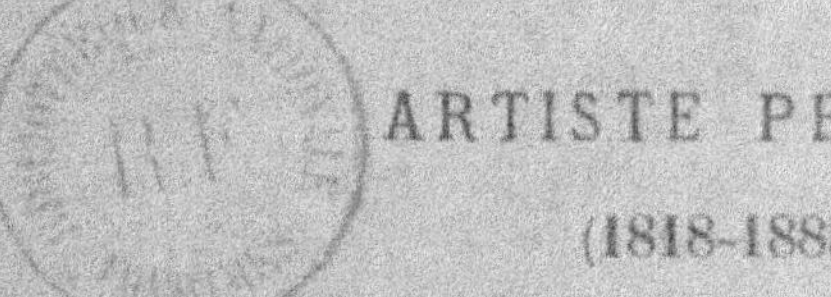

ARTISTE PEINTRE

(1818-1885)

NOTICE COURONNÉE PAR L'ACADÉMIE D'ARRAS

AVEC PORTRAIT

ARRAS

SUEUR-CHARRUEY, IMPRIMEUR-LIBRAIRE-ÉDITEUR

Petite-Place, 20 et 22

1885

Le 21 mai 1818, un enfant naissait à la Citadelle d'Arras et était inscrit le lendemain à l'état-civil sous les noms de Jules-François-Joseph THÉPAUT. Son père était capitaine au corps royal du génie, régiment d'Arras, numéro 2.

Ce fils de soldat dont le bruit des armes berça les jeunes ans devait être soldat. Il le fut, en effet, à diverses reprises et il en eût l'âme ardente et forte toujours.

A 18 ans, Jules-François dit adieu aux Grecs et aux Latins qu'il étudiait au Lycée de Douai et s'engagea. Il porta les galons de sergent-major ; mais, après avoir passé douze ans sous les drapeaux, dont sept en Algérie, il occupait encore cet emploi plus modeste que son ambition : aussi rentra-t-il dans ses foyers à Arras.

Le sous-officier n'avait pu arriver à la première épaulette ; le simple civil en eut bientôt deux. La destinée a ses surprises et ses ironies. Le 22 juin 1848, Jules Thépaut était nommé capitaine adjudant-major dans la garde nationale.

L'armée citoyenne ne vécut que l'espace d'un sanglant matin. Jules Thépaut déposa encore une fois le harnais. Peu de temps après, il épousa Mlle Marie Usse et fut chargé de la gestion du portefeuille d'une compagnie d'assurances. Il avait une certaine fortune, des loisirs ; il se souvint qu'il avait fréquenté dans son enfance les écoles académiques d'Arras, reprit les crayons et demanda à Constant Dutilleux ses conseils et ses leçons (1850). « Il y avait deux ateliers, le grand et le petit, dit M. Gustave Colin dans *C. Dutilleux, sa vie et ses œuvres.*

Le grand atelier n'était ouvert qu'aux heureux qui maniaient déjà la brosse. » Jules Thépaut passa d'abord par le premier, puis rejoignit dans le second MM. Charles Desavary, Xavier Dourlens et Gustave Colin lui-même. Il ne tarda pas à être leur émule.

En 1855, C. Dutilleux visita la forêt de Fontainebleau avec une partie de ses élèves et de sa famille.

« Je les rejoignis un matin, dit encore l'auteur de *la Barre de la Bidassoa*, et les trouvai déjeûnant à l'ombre du Chêne de Charlemagne. C'était comme une fête que semblait saluer, en se courbant sous le vent d'un beau jour, la haute futaie voisine. Souvenir plein de jeunesse et de fraîcheur! Une fois l'heure du travail marquée par le soleil, chacun retournait à l'œuvre, imitant l'ardeur du maître. » Charles Desavary, le pauvre Ernest Pamart, M. Désiré Dubois étaient du voyage ainsi que Jules Thépaut. Il écrivait de Barbizon à l'un de ses camarades d'atelier resté à Arras.

« La forêt en ce moment est splendide de couleur. Seulement il faudrait attendre encore un mois pour avoir des tons rouges et dorés.

« Quel caractère et quelle sévérité!! En allant à l'étude, je passe dans une grande futaie où on ne voit pas de ciel; de temps en temps on aperçoit une biche ou un cerf qui poëtisent le site; mais que c'est beau!! On ne peut cesser d'admirer cette végétation luxuriante et ces branches qui s'entrelacent les unes dans les autres et qui ressemblent à des fantômes au milieu d'un picotage de feuilles qui n'en sont plus et qui se confondent dans l'air et dans l'espace. »

Les études faites sous cette impression première, sous cette émotion quasi-religieuse que ni le temps ni l'éloignement ne devaient effacer de l'âme de Thépaut, furent remarquées. On en admirait le riche et franc coloris que les adeptes de Diaz et de Rousseau, grands broyeurs de bitume, ne s'expli-

quaient pas. L'élève de Constant Dutilleux, il le dit
dans la lettre déjà citée, cherchait à rendre ce qu'il
voyait. simplement, sans parti-pris ni *ficelles*; et il
réussit de façon, sinon à se contenter lui-même, du
moins à satisfaire son maître et ses amis.

Postérieurement Jules Thépaut retourna à Fontainebleau à diverses reprises; il fit plusieurs voyages d'étude en France et en Belgique; il travailla
aux environs d'Arras, sur les bords de la Scarpe
et de l'Ugy. A l'atelier, dans des natures mortes où
fleurs et fruits mariaient leur richesse et leur saveur de tons, il donnait libre carrière à ses instincts
de coloriste. En 1866, l'une de ces natures mortes
était honorée d'une médaille à Boulogne-sur-Mer;
deux ans plus tard, une autre obtenait dans la
même ville un rappel de médaille. Depuis quelques
années, Jules Thépaut présentait, sans succès, au
jury du Salon des tableaux de fleurs et de fruits
dans le genre de ceux qui étaient récompensés à

Boulogne, peut-être ceux-là mêmes. En 1868, sur le conseil d'un ami, il envoya une de ses études de Fontainebleau, *la Mare à Pia*, effet d'automne, qui fut admise.

En 1869, *la Roche aux vipères, le Sentier conduisant aux gorges d'Apremont*, et en 1870, *Sur le plateau du Mont-Girard, Au Carrefour de la reine Blanche*, figurèrent au palais de l'Industrie.

Jules Thépaut, reçu à trois salons successifs, était désormais un peintre classé. Sa légitime ambition de prendre place dans l'école de Dutilleux, à côté de Désiré Dubois, de Gustave Colin, de Xavier Dourlens, de Charles Desavary, était satisfaite. Il avait 52 ans, un âge où déjà le paysagiste ne brave plus impunément le soleil et l'ombre, un âge où l'on aspire au repos.

Mais l'année qui s'écoule c'est l'année terrible, c'est 1870. L'Allemand foule le sol sacré de la patrie. On fait appel à tous les courages et à tous les dévouements. La main qui manie les pinceaux sait tenir une épée et le peintre, déjà vieux, redevient un actif et infatigable soldat.

Sous l'Empire, au moment de l'organisation de la garde nationale mobile, Jules Thépaut s'était mis à la disposition du Ministère de la Guerre et avait été nommé capitaine dans l'artillerie. Le 13 août 1870, il prenait, dans la citadelle où il était né, le commandement de la première batterie mobile du Pas-de-Calais. Son nom ne figure pas dans l'Histoire de l'armée du Nord ; il méritait cependant d'y être écrit.

Jules Thépaut organisa, disciplina et instruisit sa troupe avec une énergie rare ; il sut en peu de mois faire des soldats. Le 17 décembre, une batterie sortait de la citadelle d'Arras et se rendait à l'armée du Nord. Pont-Noyelles, Bapaume, Vermand, St-Quentin la virent tour à tour, toujours en première ligne, héroïque et inébranlable, jetant l'épouvante et la mort dans les rangs ennemis. Le Pas-de-Calais tressaille encore d'orgueil au souvenir de ses glorieux enfants. Or, ces officiers qui s'appelaient Dupuich, Delalé, étaient les lieutenants du capitaine Thépaut ; ces hommes dont trop, hélas ! sont tombés sur les champs de bataille, sortaient de ses mains. Leur valeur fut alors sa récompense ; elle restera son honneur.

A Arras, où il séjourna avec le complément de sa batterie jusqu'à la fin des hostilités, Jules Thépaut prit une grande part aux travaux de la défense et se signala en toute occasion par son zèle et son activité.

Avec la guerre ne se termina pas encore la carrière militaire de Thépaut. Il fut un des premiers officiers de l'armée territoriale. Mais de 1872 à l'époque de sa mort, l'art le posséda presque sans partage et de ce commerce tardif naquit le chef-d'œuvre du peintre.

Du tableau de fleurs et de fruits séduisant, mais d'un genre secondaire, qu'il traita toujours en maître, de *l'étude* librement et vivement enlevée, Jules Thépaut revint au grand paysage, savante et noble interprétation de la nature. Sa palette si riche et si variée devint plus juste sans perdre de sa richesse et de sa variété ; ses pinceaux plus fermes et plus sûrs, s'enhardirent. En 1876, à Villiers-sur-Marne, il entamait deux toiles de dimension. L'une fut très remarquée au salon de 1877 et se trouve au musée d'Arras ; c'est le *Moulin de Villiers*. L'autre est malheureusement restée inachevée. Lorsqu'en 1877 ou 1878, Jules Thépaut retourna à Villiers pour la terminer, il était trop tard : la hache des bûcherons avait abattu le pendant du *Moulin*. Ce que fit Jules Thépaut dans ce dernier séjour sur les bords de la Marne est resté dans des maisons amies et on ne le connaît pas.

Ce qui est notoire et certain, c'est que Thépaut

savoura à longs traits les éloges unanimes qui saluèrent son tableau du Salon de 1877 et qu'un de ses plus beaux jours fut celui où le *Moulin de Villiers*, acquis par la Commission du Musée, prit place dans la grande galerie, entre deux tableaux de maitre. Il n'est pas défendu de songer à sa gloire, ni de se préparer à faire figure devant la postérité. C'était en 1879. Le peintre ne devait plus revoir le Salon ni les bords de la Marne ni la forêt de Fontainebleau. Ses dernières années commençaient.

A cette époque l'auteur de cette notice fut présenté à Jules Thépaut. Il était alors retenu au logis par un *bobo* au pied droit, une coupure, un rien sans importance apparente, mais qui le tracassait. Il passait des jours mélancoliques et tristes et se désolait. Il ne pouvait pas toujours arriver jusqu'à son atelier qui se trouvait au second étage. Les couleurs séchèrent plus d'une fois sur sa palette.

1881 et 1882 ne furent pas moins pénibles pour

le pauvre artiste. En 1883, la maladie et la précoce vieillesse qui en avait été la suite lui accordèrent quelque répit et il sembla se ranimer un peu. On le revit parfois dans les rues d'Arras; il eut la joie d'assister de nouveau aux cours des écoles académiques en qualité de délégué de la municipalité; il peut même aller jusque Berck-sur-Mer où il fit deux dernières études.

L'année 1884 s'écoula encore tant bien que mal, avec beaucoup de tristesses et peu de sourires, de longs ennuis d'être retenu au coin du feu dans le désœuvrement, loin du chevalet et des pinceaux… Mais la mort n'avait retardé son coup que pour le mieux porter. Le misérable *bobo* que rien n'avait pu guérir prit tout-à-coup un caractère inquiétant; la gangrène s'y mit, et le 3 mars 1885, à minuit, Jules-François-Joseph Thépaut n'était plus.

Quelques jours auparavant, la Préfecture du Pas-de-Calais lui avait fait parvenir sa nomination à un emploi nouvellement créé de Conservateur du Musée d'Arras. Ce fut sa suprême joie. L'académie d'Arras n'avait pas attendu les derniers moments du peintre pour lui décerner une de ses plus belles couronnes ; la docte compagnie, protectrice des lettres, des sciences et des arts, avait, en 1880, attribué à l'auteur du *Moulin de Villiers*, le prix des beaux-arts.

Celui qui succomba ainsi, qu'on l'a vu, à soixante-huit ans, était bâti pour vivre un siècle. D'une taille un peu au-dessus de la moyenne, la poitrine ouverte et développée, Jules Thépaut portait haut la tête et le regard en avant, comme les anciens militaires. Ses traits fortement accentués respiraient l'énergie et la fermeté. Notre concitoyen, M. Mathon a fait de lui, en 1883, un buste en terre cuite d'une ressemblance parfaite.

Mais, sous ces dehors un peu sévères, il y avait au fond un grand cœur, une âme droite, un honnête homme et un homme de commerce agréable qui a laissé de nombreux amis.

Le peintre laisse une œuvre trop peu connue, admirable parfois, souvent fort séduisante, consciencieuse et respectable toujours, qui sauvera son nom de l'oubli. Jules Thépaut n'était peut-être pas, ainsi qu'on l'a dit, le coloriste du Pas-de-Calais, c'est-à-dire le premier ou le seul coloriste du Pas-de-Calais (il ne faut pas sacrifier les vivants aux morts) ; mais c'était à coup sûr un coloriste et aussi un amoureux de l'aimable, du joli et du délicat. Son génie fait de grâce et de fantaisie, s'est arrangé ici-bas, un coquet petit domaine. Il y a des fruits écroulés dans la verdure, des pêches, des pommes d'api, du raisin, des fraises ; il y a des paysages où passe de temps en temps avec la justesse de Dutilleux, la poésie de Corot ; il y a de petites peintures à l'essence sur papier qui sont ce que le sonnet est au poëme et qui, réussies, valent de grands tableaux.

Nombre de toiles de Jules Thépaut et des plus belles figurent encore aujourd'hui dans son atelier et dans ses appartements. On y voit le n° 2242 du Salon de 1869, *Sentier conduisant aux gorges d'Apremont*, le n° 2714 du Salon de 1870, *Au carrefour de la reine Blanche*, le n° 2713 du même Salon, *Sur le plateau du Mont Girard*, un bijou de lumière et de couleur. On y voit également les natures mortes récompensées à Boulogne-sur-Mer, puis toute une série de compositions et d'*études*, en partie exposée à l'Union artistique du Pas-de-Calais, en partie absolument inédite.

Les peintures à l'essence se trouvent chez tous les amis de Jules Thépaut : c'étaient ses petits cadeaux, sa menue monnaie de l'amitié, soigneusement marquée cependant au coin de son talent et d'un précieux fini. Ce sont des reproductions de ses tableaux, des souvenirs de voyage, des imaginations, des rêves, des caprices, des escapades dans le pays

du bleu et des féeries, de véritables décorations pour
pour un éden-théâtre lilliputien. Thépaut s'est même amusé plusieurs fois, au retour de Paris, à re-
constituer de mémoire des décors de l'Opéra. Il cherchait volontiers à faire grand, même sur une petite
toile ou sur un bout de papier. Il aimait les arbres
puissants, les branches démesurées, les eaux pares-
seuses, les ciels toujours purs, les lointains vapo-
reux, tout ce qui est un peu le romanesque et le
merveilleux de la nature. Il a peint de délicieuses
poésies et de jolis romans avec une légèreté de main
presque constante. L'effet est toujours brillant, sinon toujours juste. Mais Thépaut avait de toutes les
qualités du peintre la première etcelle qui en fait un
parfait imitateur de la nature; il était coloriste au
plus haut degré et il a tracé aussi des pages d'un
naturalisme absolu en même temps que d'un char-
me exquis. Telle et telle de ses œuvres exactes, jus-
tes et sincères, n'ont d'autre défaut que d'être gran-

des comme la main ; la plus importante et la plus
complète est au Musée d'Arras.

La postérité contemplera le chef-d'œuvre du peintre et, dans le buste de M. Mathon qui prendra
place un jour dans la même galerie, son image elle-
même. Il est regrettable qu'après la guerre franco-
allemande Jules Thépaut n'ait pas reçu la récompense pour laquelle il fut proposé : la postérité aurait lu sur sa poitrine qu'il ne fut pas seulement un
véritable artiste, un peintre de mérite, mais aussi
un homme d'honneur, de loyauté et dévouement à
son pays ; elle aurait eu sous les yeux sa vie
tout entière.

Arras. Imp. Sueur-Charruey.